Wirtschaftliche Aufgaben im Baltikum

von

Hermann Hassel
Riga

Hamburg
L. Friederichsen & Co.
1918.

Einer Einladung der Deutsch-Baltischen Gesellschaft in Hamburg folgend, hielt ich am 4. September in den Räumen der dortigen Börse einen Vortrag über das Thema „Wirtschaftliche Aufgaben im Baltikum". Damals schien die politische Zukunft meiner Heimat völlig durch eine dauernde Verbindung mit dem deutschen Reiche sichergestellt zu sein; dieser war somit staatlich und wirtschaftlich der nötige Rückhalt für Neubau und Aufbau gewährleistet. Die in der kurzen, seither verflossenen Zeitspanne eingetretenen Ereignisse haben über die Zukunft der drei Länder wieder einen undurchdringlichen Schleier gebreitet, aber wenn auch die Auswirkung der jetzigen Geschehnisse auf das allendliche politische Schicksal der baltischen Lande noch garnicht abzusehen ist, so behalten doch meine damaligen Ausführungen insofern ihre Bedeutung, als nicht so sehr die staatlichen, wie vielmehr die natürlichen Bedingungen ihre Voraussetzung bildeten.

Gewiß hat die politische Zugehörigkeit der Ostsee-Provinzen zu Rußland ihrem wirtschaftlichen Getriebe die Richtung gewiesen und ebenso gewiß würde ihre staatliche Vereinigung mit Deutschland eine Umstellung zur Folge gehabt haben. Denken wir uns aber eine dritte, heute am nächsten liegende Möglichkeit, nämlich die vollständiger staatlicher Selbständigkeit, so weist doch die geographische Lage und physikalische Beschaffenheit im Verein mit geschichtlich kultureller Tradition das baltische Wirtschaftsleben mit zwingender Kraft an, sich in der Richtung auf Deutschland einzustellen. Hieran sind beide Länder — meine Heimat sowohl wie Deutschland — in hohem Maße interessiert.

Wie in den Tagen am Ausgang des 12. Jahrhunderts, da hansische Kaufleute sich im Mündungsgebiete der Düna niederließen, um unter dem Schutze von Kirche und Orden friedlicher Arbeit nachzugehen und die Erzeugnisse des Landes selbst wie seiner östlichen Nachbargebiete, Pelze, Wachs, Teer und andere Rohstoffe einzutauschen gegen Produkte westländischen Gewerbefleißes, so ist es geblieben bis zur gegenwärtigen Stunde. Auch heute noch sind die baltischen Länder land- und forstwirtschaftlich Überschußgebiet und ihre Häfen sind eben noch Ausgangs- und Eingangstor des russischen Handels; sind es weil ihre geographische Lage sie dazu bestimmt hat, unabhängig von politischer Bindung.

Daß Polen, Schweden und Russen die Zeiten elender Ohnmacht des Heiligen Römischen Reiches Deutscher Nation benutzt haben, um abwechselnd sich der ältesten deutschen Kolonie zu bemächtigen, hat wohl jeweilig Handel und Wandel jener Gebiete hart betroffen, da jeder Krieg nicht nur stört, sondern auch zerstört, aber von allen Stürmen haben sie immer wieder sich zu erholen vermocht, weil die Gunst der Natur sie zum Mittler bestellt hat zwischen West und Ost. Welches daher auch immer ihr endgültiges Schicksal nach dem Ausgang dieses Krieges in politischer Hinsicht sein mag, die ihnen innewohnende wirtschaftliche Stärke wird die Wunden mit der Zeit verharrschen lassen und die Länder, deren Besitz oft heiß umstritten und stets hoch gewertet ward, werden auch jetzt in der Lage sein, aus eigener Kraft sich zu erholen und den neu an sie herantretenden Aufgaben gerecht zu werden.

Aber es wäre falsch, dem allmählichen Wirken der Zeit zu überlassen, was nicht nur im baltischen, nein auch im reichsdeutschen Interesse schnellstens und mit aller Energie in Angriff genommen werden muß: den Wiederaufbau des Wirtschaftslebens, der allein imstande ist, den festen Grund zu schaffen, auf dem sich staatlich-kulturelle Zukunftsmöglichkeiten entfalten können.

Wie auch daher immer der politische Rahmen aussehen mag, der um die 3 baltischen Länder nach dem Ausgang des Weltringens sich legen wird, zweierlei steht heute schon fest: die staatliche Zugehörigkeit zu Rußland ist für alle Zeiten gelöst und kann, als kulturell sowohl wie wirtschaftlich widersinnig, nie wieder geknüpft werden. Und das Zweite ist, daß nur ein enger, wirtschaftlicher Anschluß an Deutschland die Kräfte jener Gebiete zu voller Entfaltung zu bringen vermag.

Bei zielbewußter Arbeit sind die 3 Provinzen fähig, einen sehr bedeutenden Zuschuß zur deutschen Volksernährung in Gestalt von Getreide und anderen landwirtschaftlichen Erzeugnissen herzugeben, aber andererseits kann auch nur Deutschland den hier hauptsächlich gebauten Roggen, der in England und Frankreich nicht verbacken wird, abnehmen. Es ist ferner möglich, einen großen, ja unter Umständen den größten Teil des russischen Getreideexportes über die baltische Handelsmetropole Riga zu leiten, wodurch einerseits die Unabhängigkeit Deutschlands von Übersee-Zufuhren gewährleistet, andererseits aber auch der baltische Handel weit über sein bisheriges Maß hinaus gehoben werden würde. Der baltische Holzexport ferner ist zweifelsohne bestimmt in der nach dem Kriege erweiterte Bedeutung erhaltenden Wirtschaftsform des Güteraustausches von Staat zu Staat eine tiefgreifende Rolle zu spielen; die Ölschiefer- und Phosphatfunde Estlands und die Flachskulturen Nordostlivlands sind ferner von hohem Werte für die Rohstoffversorgung Deutschlands.

Welchen Gang daher auch die Ereignisse nehmen werden, welche Haken die Entwicklung schlagen mag, maßgebend für die wirtschaftliche Neuformung sind Faktoren, deren absoluter Rechnungswert durch die außen-politischen Vorzeichen kaum beeinflußt wird.

Das Bündel dringender Aufgaben ist indessen so groß, daß es unmöglich erscheint, in dem engen Rahmen einer kurzen Broschüre auch nur die wichtigeren aufzuweisen. Ich werde daher nur einige, wenige, die mir als die bedeutungsvollsten erscheinen, herausgreifen, im Übrigen aber einleitend die Verhältnisse schildern, wie sie vor dem Kriege sich dem Auge darboten, es dem Leser überlassend, die Schlüsse auf das Kommende und das Notwendige daraus selbst abzuleiten.

Den bestimmenden und nicht nur für das innere Leben der baltischen Provinzen selbst, sondern auch für Deutschland bedeutsamsten Zweig ihres ökonomischen Gefüges bildet die

Landwirtschaft

Die Agrarverhältnisse des Baltikums sind ein häufig, sowohl von der innerrussischen, wie der reichsdeutschen Presse verwendetes Angriffsobjekt gegen die „Barone“ gewesen; in den allerzahlreichsten Fällen war das Urteil durch keinerlei Kenntnis der Verhältnisse getrübt. Ich muß es mir leider versagen, im Rahmen dieser Ausführungen näher darauf einzugehen. Nur eins möchte ich hervorheben, daß nämlich in Livland bereits seit 1696 — d. h. seit den Tagen der Schwedenherrschaft — ein Teil des Kulturlandes ausschließlich der bäuerlichen Bewirtschaftung vorbehalten war. Der sogenannte „Rote Strich“ weist heute dem Bauernstande über 80 % (81,4) des Kulturbodens zu und es ist durch Gesetzbestimmungen, die — wie hervorgehoben werden muß — aus eigener Initiative der Großgrundbesitzer entstanden sind, dafür gesorgt, daß dieses Land unter keinen Umständen der Kleinwirtschaft entzogen werden kann. Die Schollenpflichtigkeit der Bauern wurde in Estland bereits 1816, in Kurland 1817 und in Livland 1819 aufgehoben und durch freie, auf gegenseitiger Übereinkunft beruhende Pachtverträge ersetzt. Hierfür aber erwies sich der bisher wirtschaftlich Unmündige noch nicht reif und bald zeigten sich die Übelstände dieser, die Lehre vom freien Spiel der Kräfte zu stark betonenden Gesetzgebung. Erst die livländische Bauernordnung von 1849, der sich mit geringfügigen Modifikationen auch bald die anderen beiden Provinzen anschlossen, brachte die Agrargesetzgebung zu einem vorläufigen Abschluß. Sie gipfelt in der Bestimmung, daß der Gutsbesitzer, dessen Eigentumsrecht an dem Gesamtbestande seines Gutes unangetastet bleibt, nicht berechtigt ist, den als „Bauernland“ ausgeschiedenen Teil des Ganzen anders als durch Verpachtung, Verkauf oder Schenkung an die Glieder der Bauerngemeinde zu nutzen. Eine Minimalgröße — etwa 12 ha und eine Maximalgrenze — annähernd 60 ha — wurde festgesetzt und dadurch der Zersplitterung sowohl, wie der Vereinigung von großen Komplexen in einer Hand vorgebeugt. Das „Bauernlegen“, das in Preußen eine Verringerung des bäuerlichen Grundbesitzes zur Folge hatte, war hier unmöglich; es wurde mit einem bekannten Wort ein „Fideikommiß des ganzen Bauernstandes“ geschaffen.

Wenn auch das Reformwerk von der russischen Regierung gestört und daher in seinen letzten Teilen nicht planmäßig durchgeführt werden konnte, so sind doch in den drei Provinzen, vom national-ökonomischen Standpunkte gesehen, durchaus gesunde Agrarverhältnisse gegeben, die dazu geführt haben, daß wir über einen wohlhabenden Bauernstand verfügen, der bis auf einen ganz verschwindenden Prozentsatz auf eigenem Grund und Boden sitzt. Heute sind rund 40% der Gesamtfläche des Landes in bäuerlichem Besitz, wobei aber zu beachten ist, daß das Bauernland fast ausschließlich Äcker, Wiesen und Weiden umfaßt, während in die 60% der Gutsherrn der sehr ausgedehnte Waldbestand, der etwa 25% des ganzen Flächenraumes der drei Provinzen einnimmt, ferner das nicht für die Bebauung geeignete Land, wie Moore, Weideflächen und die Impedimente, d. h. Wege etc. hineingeht. Die Durchschnittsgröße eines Bauernhofes auf den Rittergütern beträgt etwa 45 Hektar, die der Rittergüter liegt zwischen 1000 bis 2500 ha; eine vergleichsweise geringe Anzahl fällt unter 1000 ha. nur wenige auch unter 500 ha.

Ein Mangel dieser Gesetzgebung lag in der Größenbegrenzung der Bauerngüter nach unten, wodurch die Bildung von Kleinwirtschaften in der Hand ärmerer, landwirtschaftlicher Arbeiter behindert wurde. Seit dem Jahre 1870 ist dieses dadurch ermöglicht, daß die Gutsbesitzer auf ihrem Hofeslande mit der Errichtung solcher Kleinparzellen begannen. Heute existieren in Livland allein über 5000 solcher, nicht zum eigentlichen Bauernlande gehöriger, sondern auf dem Gutslande belegener Wirtschaften, die im Durchschnitt etwa 8 ha umfassen. Wie bekannt, sind die Gutsbesitzer bereit, die Kleinsiedlung auch weiter zu unterstützen und zu diesem Zweck große Teile ihres Landes zur Verfügung zu stellen. Unter Hinzurechnung der Domänengüter, die in Kurland etwa 20%, und in Livland 14% der Gesamtfläche einnehmen, sowie der großen, noch garnicht in Kultur genommenen Moore steht somit ein gewaltiges Gebiet der Ansiedlung zur Verfügung. Wir werden bei Behandlung der Siedelungsfrage hierauf noch zurückkommen müssen.

Hervorgehoben sei noch, daß Schnurländereien, wie sie ein bekanntes Charakteristikum der russischen Dorfwirtschaften bilden oder Gemengelage mit Flurzwang uns unbekannt sind; Gutsland sowohl wie Bauernland sind wohl arrondiert, der Bauer sitzt mitten innerhalb seines „Gesindes“, wie der Bauernhof hier zu

Lande genannt wird; der landwirtschaftliche Arbeiter befindet sich in dauernden Beziehungen, die schwere Last der Saisonarbeiter kennt man im Baltikum nicht.

In der Besiedlung des ausgedehnten, noch schwachbevölkerten Landes liegt eine der Hauptaufgaben, die von der Zukunft dem baltischen Lande gestellt werden. Ganz abgesehen von einseitigen nationalen Bestrebungen scheint mir nur die Möglichkeit gegeben, das Menschenmaterial für diese kolonisatorische Aufgabe aus Deutschland zu beziehen. Rußland ist kein Überschußgebiet in dieser Richtung und die Versuche der russischen Regierung aus politischen Gründen russische Bauern im Baltikum anzusiedeln, waren daher von vornherein zur Ergebnislosigkeit verurteilt. Deutschland dagegen muß für seinen Bevölkerungsüberschuß neues Land suchen und da solches innerhalb der Grenzen des Reiches nicht zu finden ist, so liegt es nahe, den Strom der Abwandernden in ein Land zu leiten, das seinem ganzen Charakter nach dem deutschen Mutterlande am nächsten steht. Immer wieder hört man die Behauptung aussprechen, die baltischen Provinzen wären gar kein deutsches Land, da die dortigen Deutschen nur eine kleinere, numerisch vollkommen verschwindende Minorität darstellten. Dies ist ein Operieren mit verschleierter Bilanz, da jeder, der das Land nur einmal betreten hat, zugeben muß, daß die an Zahl freilich geringe deutsche Bevölkerung kulturell und wirtschaftlich die führende und ausschlaggebende ist. Aber abgesehen hiervon ist für die Lebensfähigkeit und wirtschaftliche Konkurrenzfähigkeit des Landes eine dichtere Besiedlung unbedingt erforderlich, und da sie im Hinblick auf die bereits erwähnte Streulage der Bauernhöfe und des zur Verfügung gestellten Gutslandes sowie der aufzuteilenden Domänen reibungslos vor sich gehen kann, so wäre auch von einem nicht durch Chauvinismus verblendeten lettischen und estnischen Standpunkte aus nichts gegen eine solche einzuwenden.

Die baltischen Provinzen zählten vor dem Kriege zwischen $2^1/_2$ und 3 Millionen Bewohnern, d. h. 29 auf den Quadratkilometer gegen 58 in Preußen und 300 in Sachsen. Selbst bei sehr mäßiger Beanspruchung kann das Land mindestens die gleiche Bevölkerungsdichte vertragen, die Preußen aufweist.

Nun sind aber während des Krieges schätzungsweise 500.000 Menschen nach Rußland abgewandert, von denen nur ein sehr kleiner Bruchteil heimkehren wird. Verdoppelt sich mithin die Bevölkerung, was bei intensiver Arbeit durch Zustrom aus Deutschland binnen wenigen Jahren erreicht sein kann, so wäre damit noch kaum die preußische Ziffer erreicht.

Auf vielen Gebieten, wo es sich um große, nach dem Kriege zu lösende Zukunftsaufgaben handelt, hat man zweckmäßig eine Übergangsperiode eingeschaltet, um Zeit und Muße zu grundsätzlicher Vorbereitung und zielsicherer Organisation zu gewinnen. Auch im Siedlerwerk dürfte sich eine solche empfehlen und im Zusammenhang hiermit sei an ein Rechtsinstitut erinnert, das, zweckmäßig ausgebaut, geeignet sein dürfte, dem sonst zu erwartenden Bodenwucher vorzubeugen. Ich meine das „Obereigentum" an Grund und Boden, das zum Beispiel die Stadt Riga seit Jahrhunderten besitzt, bisher indeß kaum zielbewußt ausgeübt hat. Erhielte der zukünftige baltische Staat privatrechtlich ein solches „Obereigentum", so wäre damit wohl ein Mittel gegeben, dem „Zur-Ware-Werden" von Grund und Boden vorzubeugen, gleichzeitig aber auch alle nationalistischen Tendenzen auszuschalten.

An zweiter Stelle folgt die Bereitstellung billigen Kredits, wobei vielleicht der von Kapp in die Praxis eingeführte Gedanke, den Todesfall des Hypothekenschuldners als Annuitätsablauf gelten zu lassen, verwirklicht werden kann. Dem Hypothekarkredit schließt sich die leihweise Bereitstellung von Mitteln zwecks Beschaffung von Maschinen u. a. m. an. Diesen Aufgaben rein wirtschaftlicher Natur eng verwandt sind weitere, die schon auf das kulturelle Gebiet hinübergreifen und bestimmt sind, dem Lande seinen Charakter zu wahren. Ich erwähne nur die Schaffung guter Wohnhäuser, geeigneter Scheunen u. s. w., die künstlerische Probleme stellen, deren baldige Lösung um so verdienstvoller erscheint, als männiglich bekannt ist, welche Verschandelung des deutschen Dorfbildes durch verständnisloses Bauen entstanden ist.

Bei dem Umfange der in Aussicht stehenden Bautätigkeit ist es dringend notwendig, diese von vornherein in gesunde, zweckentsprechende und den besonderen Verhältnissen Rechnung tragende Bahnen zu lenken. Hierzu ist eine Art Inventarisierung des Bestehenden vorzunehmen und eine Untersuchung vom siedlungstechnisch-wirtschaftlichen und völkisch-kulturellem Gesichtspunkte einzuleiten. Es dürfte sich als wünschenswert erweisen, an viele bodenständige Traditionen anzuknüpfen, heimische Baumaterialien und Techniken wiederaufzunehmen und aus den so gesammelten Erfahrungen möglichst gleichzeitig eine Folge von Typen zu schaffen, die als Richtschnur zu dienen hätten. Hierbei könnte man, so weit der lettische Teil des Landes in Frage kommt, an die vom lettischen Verein in dieser Richtung bereits geleistete Arbeit anknüpfen und auch hinsichtlich Estlands und des estnischen Teiles von Livland auf dem aufbauen, was dort bereits zusammengetragen ist. Es gilt hier ein der gesamten Heimat zu gute kommendes Kulturwerk zu errichten an dem alle drei auf ihrem Boden seßhaften Volksstämme teilzunehmen haben.

Das milde Seeklima der drei Provinzen, das im Jahresdurchschnitt für Kurland nur um einen halben Grad unter dem Ostpreußens liegt, während die Temperatur Livlands um $1^1/_2$ und die Estlands um $2^1/_2$ Grad hinter dem ostpreußischen Jahresmittel zurückbleibt, ermöglicht eine weitgehende Ausnutzung des Bodens.

Der Durchschnittsertrag der baltischen Felder steht allerdings noch weit hinter jenem der deutschen zurück; gegenüber einem Hektarergebnis von etwa 1500 kg in Ostpreußen liefern die baltischen Provinzen nur annähernd 1150 Kilogramm. Verantwortlich hierfür ist einmal der Umstand zu machen, daß der russische Zollsatz die eingeführten Kunstdüngemittel wesentlich verteuerte, zweitens aber, daß in einseitiger Begünstigung einer, auf diesem Gebiet aus anderen Ursachen doch zu geringer Leistungsfähigkeit verurteilten Industrie, der Import von Maschinen für die Landwirtschaft durch hohe Zölle erschwert wurde. Ist aber erst einmal der baltische Landwirt zollpolitisch gesichert, dann wird er rasch in die neuen Aufgaben hineinwachsen und - wie sein deutscher Berufsgenosse — befähigt sein, das wirtschaftliche Rückgrat seiner Heimat zu bilden. Vom Ökonomieland umfaßt der Acker im Durchschnitt etwa 45 %, der Rest entfällt auf Wiesen und Weiden, die indeß vielfach mit Gebüsch oder verkrüppelten Bäumen bestandenes Land darstellen, das — ohne Schaden für die Viehwirtschaft — bei rationeller Bodennutzung in brauchbaren Acker umgewandelt werden könnte. Über die Hälfte des, insgesamt etwa 2 Millionen ha betragenden Ackerlandes wird mit Kartoffeln bebaut, in den Rest teilen sich vornehmlich die vier Getreidearten, unter denen Roggen mit einem Ernteertrage von rund 400.000 Tonnen den Hauptplatz beansprucht. Um auf den europäischen Märkten der Konkurrenz des amerikanischen Getreides zu begegnen und die im Interesse der Balanzierung des Reichsbudgets notwendige Ausfuhr fortzusetzen, gab die russische Regierung durch ein System von Differenzialtarifen, das den Eisenbahnen große Kosten auferlegte, den Körnerbau im Westen des Reiches zugunsten der extensiven, mit weit niedriger liegender Grundrente rechnenden östlichen Wirtschaften geradezu preis. Bezeichnend hierfür ist der Umstand, daß — nach einem von der Livländischen Gemeinnützigen und Ökonomischen Sozietät im Jahre 1905 herausgegebenen Memorandum — in dem Jahrzehnt 1893 bis 1902 von allen in Dorpat (Nordlivland) angelangten Kornfrachten fast 67,5% auf eine Entfernung von über 800 Werst herangeführt worden sind. Dabei liegt Dorpat in einer fruchtbaren kultivierten Gegend und war bis zur Einführung dieser verheerend wirkenden Tarifreform nicht nur imstande, seinen lokalen Bedarf voll zu decken, sondern auch noch einen relativ recht bedeutenden Kornexport in das Ausland zu unterhalten.

Die schwierige Lage, in die sich der Landwirt durch die Getreidepolitik der Regierung versetzt sah, veranlaßte ihn, sich auf die Viehzucht zu legen, eine Erscheinung, wie wir ihr im Anschluß an die Überflutung unseres Erdteiles mit amerikanischem Brotkorn auch in Dänemark und Schweden begegnen. Da die Mastviehzucht der Seuchenschranke wegen, die Deutschland um sich gezogen hatte, nicht den genügenden Absatzmarkt fand, so wandte man sich der Milchproduktion zu. Aber auch diese hatte mit starker Konkurrenz zu kämpfen, so daß die Erzeugung des leicht transportablen und dabei hochwertigsten Produktes dieses Zweiges, der Butter, verhältnismäßig unbedeutend blieb, jedenfalls für die Ausfuhr nicht in Betracht kam. Im Preise konnte die baltische Butter nicht mit der — allerdings qualitativ weit unter ihr stehenden — sibirischen Butter konkurrieren; andererseits ist es nicht gelungen, der dänischen Butter das Feld streitig zu machen, was wohl darauf zurückzuführen ist, daß die im dortigen Genossenschaftswesen gegebene Voraussetzung für die Beteiligung auch der bäuerlichen Produzenten hier fehlte.

Das die Rentabilität bestimmende Produkt der Milchviehzucht blieb immer die Vollmilch, die nach St. Petersburg und Riga, d. h. den nahegelegenen größeren Bevölkerungszentren abgesetzt wurde. Ursächlich im Zusammenhang hiermit steht die sehr beträchtliche Spirituserzeugung, die als Nebenprodukt in der Schlempe ein vorzügliches Futtermittel liefert.

Für den Großgrundbesitzer gesellte sich zu den drei Grundlagen der Wirtschaftsführung, nämlich der Milchviehzucht, dem Kartoffel- und Hackfruchtbau, sowie endlich dem — in den letzten Jahren leider infolge ungünstiger Weltmarktkonjunkturen stark abwärts gleitenden — Flachsbau, noch ein vierter, ungemein tragfähiger Pfeiler pekuniärer Verbindlichkeiten — der Wald — hinzu.

Seinen Hauptbestand bilden Kiefer, Fichte und Birke, neben die als volkswirtschaftlich erwähnenswert sich noch Espe und Schwarzerle stellen. Die forstliche Leistungsfähigkeit wird durch zahlreiche, kleine, natürliche Wasserwege, ferner aber von dem in den ersten Jahren des laufenden Jahrhunderts dem Verkehr übergebenen Düna — Aa — Kanal, der das an Waldbeständen reiche Stromgebiet der livländischen Aa, hauptsächlich Ostlivland, mit Riga verbindet, gehoben. An Rigas Holzausfuhr war das baltische Land in den letzten Jahren mit mehr als einem Fünftel beteiligt; an dem Export der für Englands Kohlengruben so überaus wichtigen Grubenhölzer aber wirkte der Düna Aa-Kanal zu mehr als zwei Fünfteln mit.

Hiermit werden wir hinübergeleitet zu dem zweiten Eckstein des baltischen Wirtschaftsgebäudes, zu dem aus ihrer schon erwähnten Mittler-Eigenschaft zwischen West und Ost herausgeborenen

Handel

Die wichtigsten Ausfuhrwaren der baltischen Häfen, unter denen naturgemäß Riga, dank seiner Lage an dem längsten, in seiner Grundrichtung von Osten nach Westen führenden Strome Rußlands, die größte Stelle einnahm, sind Holz, Eier, Butter, Flachs und Felle. Unter den Einfuhrwaren stand Baumwolle, die über Reval für die Moskauer Textilindustrie importiert wurde, obenan, ihr folgten Maschinen, Rohgummi, Steinkohlen und Koks, Heringe, ferner Apothekerwaren, Chemikalien und Düngemittel, sowie endlich Kolonialwaren aller Art. Bis zu welcher Bedeutung im Außenhandel Rußlands es die baltischen Häfen gebracht hatten, lehrt die Tatsache, daß im Jahre 1912 33% des gesamten Exportes des europäischen Rußlands und 30% des Imports von ihnen bewältigt wurden[1]), wobei zu beachten ist, daß der größte russische Ausfuhrartikel, nämlich Getreide, im Gegensatz zu dem, was die Zukunft schaffen soll, bisher nur eine sehr unbedeutende Rolle in der Ausfuhr der baltischen Häfen einnahm, da die Schwarzmeerhäfen, dem nordsüdlichen Lauf der großen russischen Flüsse entsprechend, die Hauptanwärter hierauf sind.

Unter den Abnehmern des Exports wie unter den Lieferanten des Imports steht an erster Stelle Großbritannien[2]), erst an zweiter folgt Deutschland, doch ist dabei zu berücksichtigen, daß erfahrungsgemäß Deutschland über Belgien und Holland bedeutende Warenmengen aus Riga bezog, die von der russischen Statistik diesen beiden Ländern zugeschrieben wurden. Überhaupt muß an dieser Stelle betont werden, daß die russischen Angaben über den Außenhandel gewöhnlich tendenziös gefärbt sind: als Abnehmer wurde Deutschland verkleinert, als Lieferant durch Einrechnung der vom deutschen Generalhandel vermittelten exotischen Waren, wie Baumwolle, Kaffee, Kakao u. a. m. vergrößert, galt es doch, die „wirtschaftliche Unterdrückung" Rußlands zu beweisen. Daß in Wirklichkeit das englische und französische Kapital an russischen Unternehmungen weit stärker beteiligt war, als das deutsche und daß somit die Ausnützung der Produktiv-Kräfte des damaligen Zarenreiches durch Engländer und Franzosen weit eher als „Unterdrückung" hätte gedeutet werden können, wurde absichtlich übersehen. Ebenso beachtete man nicht, daß Deutschland seinen Export

[1]) Vergl. Tabelle I am Schluß.

[2]) Vergl. Tab. II. und III am Schluß.

2*

nach Rußland hauptsächlich durch vermehrte Lieferung von Produktionsmitteln, wie Maschinen, chemischen und technischen Bedarfsartikeln, chemischen Halbfabrikaten u. a. m. hob, während die deutsche Ausfuhr von konsumbereiten Waren keineswegs in gleicher Weise stieg. Umgekehrt hat z. B. Frankreich, wie allgemein bekannt, den größten Teil seines russischen Exports mit Luxusgütern bestritten.

Die Hauptrolle unter allen Exportgütern Riga's und damit der baltischen Provinzen überhaupt, nahm das Holz ein. Ihm folgen Eier, Flachs, Häute und Felle; erst hiernach kommt — aus bereits erwähnten Gründen — Getreide.

Eine ganz besondere, weit über das wirtschaftliche und das lokale Interesse hinausgehende Bedeutung auch in politischer Beziehung kommt dem Grubenholzexport zu. Wenn man sich vergegenwärtigt, daß England ohne Einfuhr von Grubenhölzern seine Kohlengruben stillegen müßte, daß es sich wohl durch Raubbau in Frankreich und in den eigenen Wäldern während des Krieges für das Ostseeholz vorübergehend Ersatz schaffen konnte, daß es aber nach dem Kriege mehr denn je auf das baltische Grubenholz angewiesen sein wird, so ist es wohl der Mühe wert, einen Augenblick hierbei zu verweilen. Die jungen, d. h. dünnen, für die Verwendung als Grubenholz geeigneten Stämme können nur in einem Lande mit hoher Forstkultur gezogen werden, setzen aber andererseits günstige Wasserwege für den Transport voraus.

England führte nun 1913 insgesamt für 4½ Millionen Pfund Sterling Grubenhölzer ein, davon für 2½ Millionen aus Rußland und für ½ Million aus Schweden. In die russische Ziffer ist hier auch Finnland eingeschlossen. Nun wird aber, was ja auch aus dem Obengesagten hervorgeht, der gesamte russische Export mit Ausnahme eines ganz verschwindenden Bruchteils von den Ostseehäfen einschließlich Petersburg bestritten und gleicher Weise wird der größte Teil des schwedischen Holzexports über die Osthäfen der skandinavischen Halbinsel geleitet. Finnland und die baltischen Provinzen sowie Schweden sind auf den gleichen Abnehmer angewiesen, sie sind aber auch andererseits gemeinsam daran interessiert, daß ihnen im Austausch mit England diejenigen Rohstoffe aus Übersee geliefert werden, deren sie ebenso dringend bedürfen wie Deutschland. Ist es daher möglich, eine Einigung zwischen diesen drei Gebieten, deren Holzlieferungen für England von vitaler Bedeutung sind[1]) herbeizuführen, so ist ihnen damit eine wirtschaftliche Machtstellung gesichert, deren Bedeutung garnicht überschätzt werden kann. Es kann sich heute wohl niemand mehr der Erkenntnis verschließen, daß bei dem gewaltigen Warenmangel und dem Fehlen genügender Tonnage in den ersten Jahren nach dem Kriege das „do ut des" im internationalen Handel bestimmend sein wird, selbst wenn man die Möglichkeit eines Wirtschaftskrieges garnicht in Betracht zieht. Solange sie getrennt marschieren, vermögen weder Finnland noch Baltland, noch Schweden die Vorteile, die ihnen ihr Holzexport verleiht, auszunutzen, sobald sie aber das gemeinsame Interesse erkennen, und, gestützt von Deutschland, ihre Kraft geltend machen, werden sie imstande sein, sich ihre wirtschaftlichen Rechte zu wahren.

Von welcher Bedeutung der baltische und finnische Grubenholzexport für England ist, erhellt noch mehr aus Quantitätsangaben als aus der Wertstatistik. England hatte im Jahre 1913 einen Gesamtimport von rund 4 Millionen Loads, von denen $1^1/_2$ Millionen aus Rußland kamen. Nach Sperrung der Ostseehäfen durch den Krieg ging die Einfuhr sofort gewaltig zurück und trotz aller Anstrengungen konnte das fehlende Ostseeholz nicht ersetzt werden, so daß 1916 die Gesamteinfuhr auf 2 Millionen Loads gesunken war, an denen Rußland, das heißt die Häfen des Weißen Meeres, mit nur 100.000 Loads teilnahm. Es fehlten mithin fast genau die Mengen, die bisher aus den Ostseehäfen gekommen waren.

Das Gleiche gilt — mutatis mutandis — von gesägtem Holz, an dessen Import durch England das frühere Zarenreich mit rund der Hälfte beteiligt war. Daß auch hier Riga und die baltischen Häfen den Löwenanteil trugen, ist schon gesagt worden; die englischen Unternehmungen an der Murman-Küste sind zweifelsohne ausschlaggebend bestimmt durch den Wunsch. sich in dem Holzreichtum jener Gebiete auf alle Fälle einen Ersatz für das vielleicht verlorene Ostseeholz zu sichern. Jeder, der

[1]) Vergl. Tab. IV am Schluß: Rußlands Holzexport geht zum größten Teil über die Ostsee.

Archangelsk, die Halbinsel Kola und überhaupt den dortigen Küstenstrich kennt, weiß, wie seit Jahren die alten, noch auf die Große Katarina zurückgehenden deutschen Handelshäuser und Schneidemühlen dort von englischen Firmen verdrängt wurden. Für gesägte Ware mag dieses Bestreben einen Erfolg zeitigen, für das Grubenholz ist dort kein Ersatz zu finden, da es einfach dort nicht vorhanden ist. Da sich der Holzhandel Riga's ausschließlich auf das Stromgebiet der Düna — das — nebenbei gesagt 85.000 qkm umfaßt, und auf die Zufuhren aus den baltischen Provinzen stützt, so ist keine politische Neugestaltung imstande, diesem Lieferungsvermögen ein Ende zu machen. Riga ist dabei der größte Holzhafen nicht nur Rußlands, nein, auch der Welt geworden. Wir werden noch Gelegenheit haben, zu sehen, welchen kummulierenden Einfluß auf den baltischen Holzhandel und die dadurch verstärkte Wirtschaftsmacht des Baltikums der Bau des lange projektierten Riga—Cherson Kanals haben muß.

Auch im Handel mit Flachs finden wir Riga an der Spitze aller Ausfuhrplätze Rußlands, wiederum ist es das Gebiet der Düna, daneben aber auch der — besonders in Livland noch immer starke — heimische Flachsbau, der Riga zu dieser Rolle verholfen hat. Flachs und Hanf wurden überwiegend nach Belgien und England verschickt.

Die drei anderen, unter den Hauptexportartikeln genannten Warengattungen, nämlich Butter, Eier und Felle, verdanken ihren Ursprung zwar nicht baltischem Gebiet, trotzdem aber wird auch hier eine neue Zollgrenze kaum eine Veränderung herbeiführen, wenn nur verhütet werden kann, daß Rußland durch besondere Tarifvergünstigungen Petersburgs dieses Geschäft dorthin verlegt. Eine Befürchtung dafür liegt eigentlich kaum vor, da der Petersburger Hafen schon bisher überlastet war und zudem sechs Monate des Jahres durch Eis geschlossen ist.

Auch hinter den Exportziffern dieser Artikel liegen politisch sehr beachtliche Momente. Zwischen 75 und 80% des russischen Butterexportes gingen über die vier baltischen Häfen, unter denen hierfür Windau den ersten Platz beanspruchte; der Hauptabnehmer war wieder Großbritannien. Im Handel mit Eiern dominiert Riga, beteiligt waren daran hauptsächlich England und Deutschland, ersteres überwiegend. An der russischen Totalausfuhr von Häuten und Fellen war Riga mit rund der Hälfte beteiligt, wobei als Hauptabnehmer die Vereinigten Staaten zu nennen sind, die annähernd 50% des Rigaer Exportes erhielten, daß die dort bekanntlich sehr entwickelte Kalblederindustrie viel mit russischen, über Riga bezogenen Fellen arbeitete.

Der Import Rigas — und welche, alle anderen Plätze erdrückende Bedeutung Riga unter den baltischen Hafenplätzen hat, geht aus der Tabelle I im Anhang hervor — hängt eng mit der Industrie dieser Stadt zusammen.

Industrie.

Die Einführung der Goldvaluta durch den Grafen Witte und die Stabilierung des Rubelkurses hatte eine starke Erhöhung des Exportes zur Folge. Gleichzeitig aber setzte sie die Schaffung einer eigenen Industrie voraus, um nicht durch erhöhte Einfuhr ausländischer Fabrikate die günstigen Wirkungen der vermehrten Ausfuhr und damit die Valutaregelung überhaupt zu gefährden. Staatsbestellungen, Gewährung von Staatskrediten, und andere ganz im Sinne des merkantilistischen Gedankens, von dem Rußland sich bekanntlich im Gegensatz zu Westeuropa nie frei gemacht hat, liegende Maßnahmen bildeten das Mittel, um die Industrie groß zu ziehen. Schloß sie sich in Moskau an den vorhandenen Kern an und entwickelte sie hier die große Textilwaren-Erzeugung weiter, gab im Süden das Eisen und die dort vorhandene Kohle den Ausgangspunkt, während in Petersburg besonders unter staatlicher Kontrolle die Munitions- und Waffenfabriken groß wurden, so war es im Baltikum örtlicher und reichsdeutscher Unternehmungsgeist der auf den Vorteil der billigen Rohwarenzufuhr über See, seine mannigfaltige, fast alle Zweige des Gewerbefleißes umfassende Industrie aufbaute. Die hohen Zölle des sehr fein nach dieser Richtung verästelten Tarifs kamen dem Baltikum dabei ebenso zu statten, wie Innerrußland, dieser Umstand aber kennzeichnet gleichzeitig einen großen Teil des im Laufe weniger Jahre Geschaffenen als Treibhausprodukt.

Sieht man von der Textilindustrie ab, da der Hauptanteil der Produktionsziffern dieser auf die Narwaer Manufakturen entfällt, die schon auf mehrere Jahrzehnte ihres Bestehens zurückblicken können, so war es an erster Stelle die Metallverarbeitung, die im Zeichen der Witteschen Zollpolitik starke Ausdehnung nahm. Die Gründung zweier Waggonfabriken — einer in Riga und einer in Reval — gehört hierher; eine dritte bestand bereits seit vielen Jahrzehnten. Die chemische Industrie machte dank der — bereits erwähnten — scharfen Differenzierung des russischen Zolltarifes große Fortschritte. Deutsche Farbenfabriken, die das Halb- oder Dreiviertelfabrikat von dem Stammunternehmen bezogen, ließen sich hier nieder, um so den hohen Zoll für die fertigen Waren zu umgehen. Einen ganz besonderen Aufschwung aber nahm die Gummiwarenerzeugung, die drei sehr bedeutende Vertreter in Riga hatte. Die Gummiindustrie stellt ebenso wie die sehr beachtliche Ölindustrie ihren Anteil an der baltischen Ausfuhr von Halb- und Ganzfabrikaten. Charakteristisch für die Methode, durch hohe Zölle eine eigene Industrie groß zu ziehen, ist die Tarifierung von Schwefelsäure. Es ist trotz wiederholter Bemühungen nie gelungen, sie ganz aus dem Bannkreise der „Apothekerwaren" zu lösen und wenn auch dadurch gestützt, mehrere Schwefelsäurefabriken entstanden, so blieben doch andere — Schwefelsäure verarbeitende — Industriezweige infolge des hohen Preises die er in den Kinderschuhen stecken, so — sehr zum Nachteil der Landwirtschaft — die Düngermittelfabrikation.

Daß eine so bedeutende Industrie, die im Jahre 1913 für annähernd 500 Millionen Mark Ware erzeugte und dabei zu einem sehr großen Teile ausländische Rohstoffe verarbeitete, auch die Ziffern des baltischen Imports stark beeinflußte, ist ohne weiteres einleuchtend. So wurden von den 850.000 Tons Steinkohle und Koks, die 1912 über den Rigaer Hafen eingeführt wurden, rund 800,000 Tons von der Rigaer Industrie verbraucht. Ähnliche Verhältnisse ergeben sich für Reval und Libau. Groß war Rigas Bedarf an Maschinen, trotzdem auch eine Anzahl sehr großer hiesiger Fabriken für das Reichsinnere arbeitete. Fast der ganze über Riga eingeführte Rohkautschuk — 1913 für annähernd 40 Millionen Mark — blieb hier und die

Rigaer Farbholzindustrie machte diesen Platz zum bedeutendsten Importhafen Rußlands für Farbhölzer.

Eine Stellung für sich nimmt die auf den Holzreichtum des Landes aufgebaute Holzbearbeitungs-, Cellulose und Papier-Industrie ein. Sie ist im Gegensatz zu den vorher erwähnten Fabrikbetrieben bodenwüchsig und von der Führung der Zollgrenze fast oder ganz unabhängig. Die vielen Schneidemühlen, die nicht nur an den Hafenorten, nein oft auch nach amerikanischem Vorbilde irgend wo mitten im Walde, häufig sagar ambulant, arbeiteten, haben dazu beigetragen, den baltischen Häfen ihre bisherige Bedeutung im Holzhandel zu verschaffen. Die Cellulose-Industrie hat in der Umgebung Pernaus ihre größte Vertretung, nämlich die nach der Mannheimer Stammfabrik benannte Fabrik Waldhof. Weitere Unternehmen befinden sich in Reval und Riga, während Holzschliffanlagen über das ganze Land verbreitet sind. Bei der Bedeutung, die die Holzfaser für Deutschland gewonnen hat, ist dieser Industriezweig reger Förderung wert, aber ebenso auch kraftvoller Blüte gewiß.

Deutet die Einfuhr von Rohstoffen und Halbfabrikaten auf die großen Bezüge hin, die Rigas eigene Industrie veranlaßte, so weisen andererseits Kolonialwaren, Heringe und Fertig-Fabrikate auf die ständig wachsende Rolle der baltischen Häfen für die gesamtrussische Versorgung hin. Eine von der Rigas etwas abweichende Stellung nahm in gewissem Sinne Reval ein, insofern als es — wie bereits gelagt — einmal als Eingangstor für die von dem Moskauer Industriebezirk importierte Baumwolle, dann aber auch als eisfreier Umschlagsplatz für Petersburg diente.

Als sehr beachtenswertes und bei der zollpolitischen Neugestaltung der Verhältnisse nicht zu vernachlässigendes Moment tritt uns aus der im Anhange gegebenen Tabelle I die hinsichtlich Einfuhr und Ausfuhr sehr verschiedene Bedeutung der vier größeren baltischen Häfen entgegen. Während Riga, Libau und Windau regelmäßig höhere Exportziffern, aufweisen, ist Reval ausgesprochen Einfuhrhafen, was, wie oben erwähnt, ausschließlich der nach Moskau bestimmten Baumwolle zuzuschreiben ist. Mit Ausnahme eines einzigen Jahres (1913), in dem Reval seine dominierende Stellung an St. Petersburg abtreten mußte. ist dieser Platz stets der überwiegend größte Importhafen für diese Spinnfaser gewesen. Etwa die Hälfte der gesamten russischen Baumwolleinfuhr passierte die Ostseehäfen (einschließlich Petersburg) und Revals Anteil hieran bewegte sich annähernd zwischen 50 und 60%. Auch während der sieben Friedensmonate des Jahres 1914 hat Reval seine alte Stellung zu verteidigen gewußt und die konkurrierende Hauptstadt weit hinter sich gelassen. Wenn, was ja durchaus wahrscheinlich ist, durch Krieg und Revolution eine bleibende Schwächung der Moskauer Textil-Industrie eintreten sollte, die einen starken, dauernden Rückgang der Baumwolleinfuhr zur Folge hätte, so wird Reval hierunter am meisten zu leiden haben. Aber auch abgesehen von allen Veränderungen innerhalb des Abnehmergebietes werden wohl auch die Verhältnisse auf dem internationalen Baumwollmarkt kaum je wieder für Reval besonders günstige werden. Der Verbrauch asiatischer Baumwolle wird immer mehr steigen und schon dadurch allein die Einfuhr über Reval nicht entfernt wieder auf die vormalige Höhe gelangen. Die Aufgabe der Revaler Kaufmannschaft ist es mithin, sich nach anderem, pflugbereitem Boden umzusehen, und wenn auch Baumwolle nur Speditionsgut, nicht Eigen-Handels-Ware war, so muß doch für die ausfallende Arbeitsgelegenheit andere Betätigungsmöglichkeit gefunden werden. Sollten die Erwartungen, die an die Ölschiefer- und Phosphatfunde sich knüpfen, in Erfüllung gehen, so dürfte sich solche im Export dieser Bodenschätze bezw. der Fabrikate daraus finden lassen.

Der größte Lieferant der baltischen Einfuhr war auch im letzten Normaljahre vor dem Krieg noch immer England, trotzdem aber läßt sich ein ständiges Abwärtsgleiten der englischen Ziffern zugunsten der deutschen bemerken.

Bodenschätze

An technisch verwertbaren Mineralien ist der Boden der Ostseeprovinzen nicht reich. Es findet sich wohl fast allenthalben Ton zur Herstellung von Ziegeln, ferner Kalkstein in Estland und Südlivland an der Düna, von dem der estländische Kalkstein sich zu einem vorzüglichen Zement verarbeiten läßt. Die berühmte

Zementfabrik von Port Kunda verdankt diesem Rohstoff ihre Existenz. Stellenweise geht der estländische Kalkstein in einen herrlich weißen Marmor über, der sich zu bildhauerischer Verwendung eignet. In Südlivland, ebenfalls an den Ufern der Düna, findet sich endlich ein ausgezeichneter Gips. Die über weite Flächen sich dehnenden Moore bieten einen schier unerschöpflichen Torfreichtum, der bislang allerdings noch kaum ausgebeutet worden ist, da als Hausbrand bei den niedrigen Arbeitslöhnen das Holz, besonders das Birkenholz immer noch rentabler war. Die neuen Verhältnisse werden wohl auch hierfür die rechnerische Grundlage ändern und den großen Heizstoffbedarf auf Befriedigung durch die Torflager verweisen. Wieweit auch eine Verwendung als Textilrohstoff für den baltischen Torf in Frage kommt, wird erst eine genaue Untersuchung lehren. In Südwestkurland findet sich Braunkohle.

Können es alle diese Bodengüter nicht über eine örtliche Bedeutung hinaus bringen, so kommt dagegen zwei anderen Mineralien, die erst während der Kriegszeit die Aufmerksamkeit weiterer Kreise auf sich gezogen haben, eine Beachtung auch über die engen Grenzen lokaler Verwertbarkeit hinaus zu. Ich meine den im sogenannten Glint Estlands sich findenden Ölschiefer, nämlich den Dictyonemaschiefer sowie den Kuckersit.

Der Dictyonema-Schiefer, der sich an der ganzen nordestländischen Küste vom Südufer des Ladoga-Sees bis nach Baltischport in einer Mächtigkeit von durchschnittlich mehreren Metern findet, ist ein bituminöser Schiefer von beträchtlichem Fettgehalt. Er findet bisher außer zu Heizzwecken noch keine technische Verwendung, eignet sich aber nach den damit angestellten Laboratoriumsversuchen ganz außerordentlich zur Ölgewinnung, in welcher Beziehung er den bekanntlich seit langem ausgebeuteten schottischen Brandschiefer um ein beträchtliches übertrifft. Außerdem besitzt er einen großen Gasgehalt, der nach früheren Analysen 20—22% beträgt. Die Gase erscheinen als geruchloses Leuchtgas von großer Leuchtkraft. Auf der kleinen Insel Kokskär bei Reval wird das bei einer Brunnenbohrung zufällig bemerkte Gas zur Beleuchtung und Heizung des Leuchtturms und aller Wohnräume benutzt.

Eingesprengt in die über der Schieferschicht liegenden Silur-Formationen finden sich Asphaltablagerungen, sogenannter Grahamit, die vielleicht an sich ihrer verhältnismäßig geringen Mächtigkeit wegen, nicht besonders interessant sind, aber doch Beachtung und nähere Untersuchung verdienen, da sie auf das Vorkommen von Naphta hinzudeuten scheinen: wirtschaftlicher Wert über die geologisch-wissenschaftliche Beachtlichkeit hinaus kommt ihnen indes kaum zu.

Außer dem Dictyonemaschiefer kann Estland noch den schon erwähnten Kukkersit aufweisen, der noch ölreicher als der Dictyonemaschiefer ist und sogar die hochwertigen Posidonienschiefer Deutschlands übertrifft. Nach einer älteren Analyse liefert dieses Gestein bei trockener Destillation von 100 Gramm des Materials bis zu 24 Liter Leuchtgas und enthält zudem bis zu 20% flüssiges Öl. Bei der allgemein bekannten Bedeutung, den alle Mineralölfunde für die deutsche Wirtschaft haben, ist die nähere Untersüchung der Schieferlager und die Inangriffnahme ihrer Ausbeutung eine Aufgabe der allernächsten Zukunft. Während des Krieges hatte die russische Regierung bereits Mittel zu umfassenden Vorarbeiten bereitgestellt, Laboratoriumsversuche sind gemacht worden und es scheint nicht daran zu zweifeln, daß sich hier für die Betätigung deutschen Kapitals ein großes Feld bietet. Zur russischen Zeit wurde sogar eine Kleinbahn für den Abtransport der kostbaren „brennenden Steine" gebaut, doch haben die erwähnten Laboratoriumsversuche ergeben, daß sich der Kukkersit sowohl wie der Dictyonemaschiefer ihres hohen Aschegehaltes wegen wenig als Heizmaterial eignen, dagegen einen außerordentlich wertvollen Rohstoff zur Fabrikation technischer und pharmazeutischer Artikel abgeben. — Die Inangriffnahme der Arbeiten kann bis auf weiteres nur gemeinsam mit den Besitzern des Bodens, unter dem diese Reichtümer liegen, vorgenommen werden, da wir ein Mutungsrecht noch nicht besitzen und nach dem sehr umfassenden baltischen Eigentumsrecht nur diese über die im Innern ihrer Erde liegenden Schätze verfügen können.

Die Hoffnung, daß die ärmste und am wenigsten fruchtbare der drei baltischen Provinzen sich dank dieser Funde als die reichste und wertvollste erweisen könnte, ist nicht unbegründet. Die Aufgabe reichsdeutschen Kapitals und Unternehmergeistes ist es, für die Hebung der Schätze zu sorgen, wobei, wie ich weiterhin noch zu betonen Gelegenheit haben werde, von vornherein planmäßig und einheitlich vorgegangen werden muß, damit nicht durch ein Gegeneinanderarbeiten verschiedener Kräfte ein Spekulationsobjekt entsteht, das nur Verlust an Energie bedeuten würde.

Gilt es hier aus dem Neuen zu schaffen und — sofern die vorzunehmenden Untersuchungen eine Ausbeute wirtschaftlich erscheinen lassen — mit deutschem Kapital, deutscher Technik und deutschen Maschinen an die Hebung der Schätze zu gehen, so liegt die Aufgabe, die auf dem Gebiet der Industrie nach Lage der Dinge gestellt ist, zum Teil anders. Freilich werden auch hier bei intensiver Ausnützung der vorhandenen Rohstoffe neue Gebilde entstehen, aber zunächst muß doch an den Wiederaufbau des Zerstörten, des „Einmal-Vorhanden-Gewesenen" gegangen werden.

Am stärksten von allen Zweigen des Erwerbslebens der baltischen Provinzen wird zweifelsohne die Industrie durch die veränderte, wirtschaftliche und politische Konstellation betroffen werden, sofern nicht sich Wege finden lassen, die den Wiederaufbau des Zerstörten ermöglichen, und das bisherige Absatzgebiet ihr erhalten. Werden die baltischen Länder ein selbständiges Staatswesen mit eigener Zollgrenze, so würde zwar für eine bescheidene industrielle Bedeutung gesicherter Absatz vorhanden sein, aber der kleine, einheimische Markt reicht doch, was wohl weiter gar keiner Erläuterung bedarf, für die auf das gewaltige Bedürfnis ganz Rußlands eingestellte Produktionsfähigkeit nicht entfernt aus.

An dem Fortbestehen der baltischen Industrie hat aber Rußland, wenigstens für längere Zeit nach dem Kriege, noch ein sehr lebhaftes Interesse, da es, ganz abgesehen von dem im Augenblick dort waltenden politischen Chaos, nicht möglich sein wird, in kurzer Zeit dort eine den Leistungen der baltischen gleichwertige Industrie großzuziehen. Die gewaltsame Übersiedelung der Rigaer Fabriken in das Innere Rußlands scheint dem zwar zu widersprechen, doch muß berücksichtigt werden, daß die unter den Wirkungen des Krieges arbeitenden Fabriken mit ganz anderen Preisen kalkulieren konnten, als solches in normaler Zeit, wo auch westländische Unternehmungen wieder als Konkurrenz zu beachten sind, möglich wäre. Wird nun gar dem an sich begreiflichen und daher vorauszusetzenden Wunsche Rußlands, sich mit der Zeit unabhängig von der baltischen, als einer nunmehr fremdländischen, Industrie zu machen, dadurch Rechnung getragen, daß man ihre Lieferungen, wie dieses von einer Seite vorgeschlagen worden ist, kontingentiert oder dadurch, daß, wie ich dieses vorschlagen möchte, die ihr einzuräumende Zollfreiheit in fünfjährigen Perioden, ohne Limitierung der Menge abgebaut wird, so dürfte sich unschwer ein Einverständnis erzielen lassen. Läßt man in den ersten 5 Jahren die Rohprodukte der baltischen Industrie, sofern sie im verarbeiteten Zustande nach Rußland wieder ausgeführt werden sollen, zum russischen Zollsatz ins Land, wogegen die Fertigwaren zollfrei die russische Grenze zu passieren hätten, so wäre damit für die ersten 5 Jahre der status quo ante bellum hergestellt. Nach 5 Jahren wäre alsdann der Rohstoffzoll um 25% zu ermäßigen, und der Zoll auf die nach Rußland wandernden Erzeugnisse auf 25% des geltenden Satzes festzusetzen. Auf diesem Wege fortfahrend, wäre in 20 Jahren die baltische Industrie Rußland gegenüber auf den Standpunkt einer beliebigen ausländischen angelangt, sie hätte aber andererseits Zeit gehabt, sich auf den Weltmarktabsatz einzurichten. In den Einzelheiten wären natürlich Modifaktionen möglich und wohl auch erforderlich; mir kam es nur darauf an, den Gedanken in großen Zügen mitzuteilen. Das Wesentliche scheint mir dabei, daß die Kontingentierung überflüssig wird, zumal da eine solche doch sich nur auf die früheren Verhältnisse stützen und somit leicht zweischneidig wirken könnte.

Oberflächlich betrachtet ließe sich vielleicht erwidern, daß es volkswirtschaftlich falsch wäre, eine von Rußland mit künstlichen Mitteln großgezogene Industrie, die dem Charakter des Landes fremd ist, zu erhalten, bezw. nach der Zerstörung wieder aufzubauen. Da aber Rigas Industrie bisher, wie gesagt, ein wesentlicher Faktor in der Versorgung Rußlands war, so daß Rußland den Ausfall der 370 Fabriken Rigas, die mit etwa

80.000 Arbeitern einen Jahresumsatz von etwa 500 Millionen Mark erzielten und dabei mit einem investierten Kapital in annähernd gleicher Höhe arbeiteten, nicht entbehren kann, so muß ohne vorgefaßtes theoretisches Urteil in die Erwägung über das künftige Schicksal der Fabriken eingetreten werden. Hinzu kommt, daß Deutschlands Interesse durchaus für diese Form der Neuregelung spricht, da es gilt, auch das dort arbeitende reichsdeutsche Kapital zu schützen und da ferner der deutschen Industrie dadurch durchaus kein Abbruch geschieht, denn diese hat ja bisher sowieso die Mengen nicht geliefert, die von der baltischen Industrie für den russischen Markt erzeugt wurden. Eine Ausmerzung der baltischen bezw. der Rigaer Fabriken würde mithin nur zum kleinen Teile Deutschland, weit mehr aber allen übrigen, mit ihm konkurrierenden Industrieländern zugute kommen.

Für das Land selbst aber ist nicht nur die Erhaltung der Industrie als Arbeitsgelegenheit, sondern auch als Steuerobjekt durchaus zu wünschen.

Wenn man bedenkt, daß die Ostseeprovinzen, d. h. im wesentlichen natürlich Riga schon im Jahre 1911 allein 5 Millionen Rubel Gewerbesteuer zahlten und damit unter allen damaligen Teilen des russischen Reiches an erster Stelle standen, insofern als hier auf den Kopf der Bevölkerung $2^1/_2$ mal soviel gezahlt wurde, als im übrigen Reich, so versteht man, welch ergiebige Quelle damit künftigen Finanzansprüchen des neuen Staatswesens entzogen werden würde.

Die Wiedererrichtung der Industrie erfordert die Mithilfe deutschen Kapitals, sichert aber andererseits dafür der reichsdeutschen Industrie einen großen Absatz von Maschinen, Apparaten und Hilfsmitteln zu, ohne ihr irgendwie Abbruch zu tun, denn — das muß immer wieder betont werden — entweder diesseits oder jenseits der baltisch-russischen Grenze; ohne die bisherigen baltischen Fabriken, die Absatzmöglichkeiten und Gewohnheiten der Kundschaft kennen, kann Rußland vorläufig nicht auskommen.

Während nun aber die Vereinbarung eines Handelsvertrages mit Rußland nicht einseitig von den baltischen Ländern abhängt, ist die Schaffung eines Freihafens, der genügendes Terrain für die Anlage von Fabriken bieten und nach Möglichkeit auch die schon vorhandenen Anlagen einschließen müßte, ganz in den Willen der neuen Landesregierung gestellt und durch die Verträge mit Rußland wohl auch gesichert. Die Errichtung von russischen Zollämtern in den drei zu Freihäfen ausersehenen Städten, Reval, Riga und Windau, scheint mir dabei das vorhin entwickelte Projekt der tarifarischen Ausnahmestellung der baltischen Industrie zu begünstigen.

Im engsten Zusammenhang mit der Freihafenfrage steht endlich die schon seit Jahrzehnten erörterte Frage einer Kanalverbindung der Düna mit dem Dnjepr und in weiterer Folge auch mit der Wolga. Als erster Schritt zur Verwirklichung dieses Projektes müßte die Regulierung der Düna in Angriff genommen werden, die schon deshalb unabweisbar ist, weil nach dem Kriege der Eisenbahntransport von Massengütern aus mannigfachen, leicht verständlichen Ursachen noch weit kostspieliger sein wird, als vorher und es daher im vitalsten Interesse des über Riga geleiteten westländisch-russischen Güteraustausches liegen wird; einen billigen Wasserweg zur Verfügung zu haben. Die Düna in ihrem gegenwärtigen Zustande ist jedoch — eines der vielen Zeugnisse russischer Lotterwirtschaft — trotz vielfacher Anregungen von baltischer Seite über Riga hinaus nicht mehr schiffbar. Die Regulierung aber auf eine Strecke des Stromes von 150 Kilometer etwa würde nach vorsichtigen Schätzungen minimal 100000 Pferdekräfte ihm abgewinnen und somit fast die ganze Energiemenge aufbringen, die Rigas Industrie bisher verbrauchte. In Heizmaterial ausgedrückt bedeutet dies eine Ersparnis von etwa 600000 Tons Steinkohle, gegenüber einem Gesamtverbrauch im Jahre 1913 von annähernd 800000 Tonnen.

Die Erfahrungen des Weltkrieges und die kritische Situation, in die sowohl Deutschlands als auch die Kohlenversorgung der feindlichen und neutralen Staaten durch Mangel an Arbeitskräften wie durch den Mehrbedarf der Eisenbahnen und die ins Riesenhafte gewachsenen Anforderungen der Kriegsindustrie geraten ist, rücken die volkswirtschaftliche Bedeutung jedes Austausches von Kohlenkraft gegen Wasserkraft in das hellste Licht. Zudem erhält aber dadurch auch die Frage nach der

Existenzberechtigung der baltischen Industrie eine völlig neue Seite. Sie ist in dem Augenblick nicht mehr landfremd, sondern bodenständig im besten Sinne des Wortes.

Kann auch die Kanalausführung nicht bereits heute in Angriff genommen werden, so ist es doch erforderlich, daß möglichst bald an die Vorarbeiten gegangen und daß zum mindesten die Stromregulierung ehestens in Angriff genommen wird. Von welcher Bedeutung ein Wasserweg sein muß, der über Riga in die getreidereichsten Gebiete Rußlands führt und somit Mitteleuropa von der Ozeanzufuhr unabhängig macht, ist nach den Erfahrungen dieses Krieges ohne weiteres verständlich. Aber auch abgesehen von künftiger Kriegsgefahr liegt schon in dem Umstande, daß Rußland durch diesen Weg eine billige Verbindung mit Nordwesteuropa, d. h. den Randländern der Ostsee erhält und daß alsdann die skandinavischen Länder und zum Teil auch Holland und Belgien nicht mehr auf Amerika, bezw. den durch Gibraltar kontrollierten Weg aus Rußland über das Mittelländische Meer angewiesen sein werden, sondern auf einen neutralen Hafen, ein mit elementarer Gewalt zwingendes Moment. Nur wenige Zahlen zur Illustration: der durchschnittliche Getreideexport Rußlands betrug in den letzten zehn Jahren $8^1/_2$ Millionen Tonnen, von denen $5^1/_2$ Millionen nach westeuropäischen Häfen gingen; auf die Beförderung dieser Menge könnte mithin der neue Binnenschiffahrtsweg fast restlos rechnen. Ähnliches gilt von dem ungeheuren Holzreichtum der Gebiete am Oberlauf des Dnjepr und seiner Nebenflüsse, sowie zwischen Düna und Dnjepr. Heute ist für das dortige Holz nur schwer eine Verwendung zu finden, was den Dnjepr hinabgeflößt wird, wird in den holzarmen Gegenden des Mittellaufes verbraucht oder besser verschwendet; über die Dnjepr-Stromschnellen hinaus zum Export gelangt nur eine äußerst geringfügige Menge.

Das Bild wird sich nach Fertigstellung des Kanals sofort ändern und Riga nicht nur weiter in seiner überragenden Bedeutung als Holzhafen stärken, sondern auch der Ostsee damit eine bedingungslose Vormachtstellung auf dem Gebiete des Holzhandels verleihen.

Der Ausbau der Hafenanlagen in den baltischen Küstenplätzen, die Arbeiten am Oberlauf der Düna und in Zukunft der Kanalbau selbst werden eine solche Summe von Anforderungen an die Schwerindustrie, an Ingenieurkunst und Technik stellen, daß hier für viele Jahre hinaus ein großes Absatzfeld sich auftut. Die Aufgabe des deutschen Großkapitals wird es dabei sein, durch weitgehende Unterstützung der hier skizzierten Pläne den Boden für die Aufnahme der Saat reif zu machen, reiche Ernte winkt ihm.

Dem großzügigen Kaufmann, der gewohnt ist, Riesengebiete zu umfassen und über Weltmeere hinüber die Fäden seines Interessengewebes zu werfen, mag es klein und nichtig erscheinen, jetzt ein Betätigungsfeld im äußersten Winkel der Ostsee, auf dem engen Raum der baltischen Provinzen zu suchen. Aber der Raum ist nur scheinbar eng, denn in jenem Winkel liegt der Angelpunkt des west-östlichen Handels. Wie einst in Wickinger Zeiten über die heutigen baltischen Länder der große Handelsweg an den Strömen entlang nach Süd- und Ostrußland führte, so werden sie auch jetzt wieder die Schätze aus dem Innern Rußlands dem Westen zuführen. Gewiß ist die Bedeutung der baltischen Länder als Aufnahmegebiet — namentlich nach den verheerenden Wirkungen von Krieg und Revolution — groß; größer noch ihr Wert als Betätigungsgebiet für deutsches Kapital und deutsche Technik, am größten aber ihre Rolle als Durchgangsland für den Verkehr von und nach Rußland. Hier gilt es den Hebel anzusetzen.

Die Perspektiven, die sich hier bieten, sind so riesenweit, daß ich es nicht wage, sie auch nur annähernden Umfanges ausmalen zu wollen. Nur eine Andeutung kann ich mir nicht ersparen. Bereits vor dem Kriege ging der weitaus größte Teil der sibirischen Butterausfuhr über die baltischen Häfen, und zwar an erster Stelle über Windau. Sibirien ist vom Kriege auch heute noch am wenigstens berührt und die Kämpfe der Tschecho-Slowaken, der Bolschewiki und anderer über die in gelegentlichen Zeitungsmeldungen sehr unklar berichtet wird, werden wohl einige Verkehrszentren in Mitleidenschaft gezogen, dem unendlich weiten und ausgedehnten Lande selbst aber nur wenig geschadet haben.

Wir haben daher mit einer verhältnismäßig schnellen Wieder

aufnahme der Butterausfuhr zu rechnen, die bei der Fettkala mität in Europa eine ihre frühere um vieles übertreffende Bedeutung haben wird. Aber nicht nur um die — noch starker Steigerung fähige — Butterausfuhr handelt es sich. Sibirien besitzt in seinen Bergwerken und seinen Wäldern noch so endlos scheinende Reichtümer, daß sich hier wirklich unbegrenzte Möglichkeiten bieten. Der Weg über die Häfen des Stillen Ozeans ist aber — für Westsibirien schon ohne alle Frage — viel zu weit und zu unbequem, so daß auch für dieses Zukunftsland die Häfen des Baltikums die natürliche Verbindung mit Europa bilden. An diesem Hintergrunde gemessen, erscheinen auch die Möglichkeiten, die sich dem Handel und der Industrie Deutschlands aus der gesteigerten eigenen Aufnahmefähigkeit der baltischen Provinzen bieten, klein und bescheiden. Sibirien braucht zur Entwicklung und Ausbeute seiner Reichtümer alles, was Westeuropa ihm bieten kann; ja, es wird sogar in vielen Fällen lohnender sein, ostamerikanische Produkte über den Atlantischen Ozean und sein Glied, die Ostsee, zu beziehen, als den Weg über den amerikanischen Kontinent, den Stillen Ozean und die Ostsibirische Eisenbahn zu wählen. Deutschland hat als nächstgelegener Industriestaat die größten Vorzüge bei der Einfuhr über Riga, Reval und Windau, und mithin auch das größte Interesse an der zweckentsprechenden Ausgestaltung dieser Häfen.

Zum Schlusse möchte ich noch ein Wort über den Eisenbahnbau in den baltischen Ländern sagen.

Einzelheiten darüber zu bringen, muß im Rahmen dieser Ausführungen natürlich unterlassen werden, im übrigen hat auch Carlberg bereits im Heft 8 der „Ostsee" über Bahnbau-Projekte im Baltland sehr beachtliche Gedanken niedergelegt, denen ich nur in einem Punkte widersprechen möchte. Es ist zweifelsohne für den russischen Ausfuhr- und Einfuhr-Handel und mithin für die baltischen Häfen von großem Werte, daß die zu den Häfen führenden Bahnen für die direkte Weiterleitung der russischen Güterwagen eingerichtet sind. Mir will es aber nicht richtig erscheinen, daß nun diese Bahnen überhaupt in russischer Spurweite angelegt werden, da alsdann häufig Güter, die aus Deutschland auf dem Bahnwege ankommen und für solche baltische Plätze bestimmt sind, die an diesen breitspurigen Bahnen liegen, umgeladen werden müßten. Ebenso könnte der Fall eintreten, daß eine bahnseitig eintreffende Ware, deren Verzollung erst an der russischen Grenze vorgenommen werden soll, wobei gleichzeitig die Umladung stattfinden könnte, jetzt schon innerhalb des baltischen Gebietes auf russische Wagen gebracht werden müßte, ohne daß dabei die Verzollung vor sich ginge, wodurch natürlich mehr Kosten und Zeitverluste entständen. Mir scheint der Ausweg, für die Hafenbahnen viergleisige Linien zu bauen, trotz der anfänglich großen Mehrausgabe doch der vorteilhaftere zu sein, umsomehr, als dadurch einem ungehinderten Verkehr deutscher, wie überhaupt westeuropäischer Güterwagen auf den baltischen Linien an keiner Stelle ein überflüssiger Riegel vorgeschoben wird.

Die Neu-Formung der wirtschaftlichen Dinge im Baltikum selbst, als auch die Ordnung baltisch-russischer und reichsdeutsch-russischer Belange darf nicht vorgenommen werden, anders als unter Mitarbeit baltischer und deutscher im Wirtschaftsleben stehender und mit seinen Anforderungen vertrauter Persönlichkeiten. Heute, wo das Ostgebiet noch gewissermaßen eine knetbare und leicht zu formende Masse darstellt, aus der die Hand des Künstlers das Zukunftsgebilde gestalten soll, muß dem Rücksicht getragen werden, daß sich hier die reichsten Möglichkeiten bieten für die Kräftigung der an den Folgen dieses Kcieges leidenden deutschen Wirtschaft. Diese Forderung ist umsomehr berechtigt, als sich alles, was im Baltenlande von dauerndem Kulturwerte vorhanden ist, auf deutsche Fundamente stützt und deutscher Arbeit zu danken ist. Dieser Einsicht werden sich auch unsere lettischen und estnischen Heimatgenossen nicht verschließen und es steht daher zu hoffen, daß sich eine Plattform finden läßt, für die Arbeit am Wiederaufbau der gemeinsamen Heimat. Nur wenn unter Zurückstellung gewisser — und vielfach garnicht einmal sehr tiefgehender — Gegensätze der Gedanke, daß es gilt, sich über Wesentliches zu einigen und Unwesentliches zu übergehen, in weitesten Kreisen Wurzeln schlägt, wird es möglich sein, den großen Aufgaben gerecht zu werden, die ihrer Lösung harren und der baltischen Erde den Segen reicher Frucht abzugewinnen.

Tabelle I.

Baltischer und russischer Außenhandel 1906 bis 1914.

1906/10

	Einfuhr		Ausfuhr		Ges. Umsatz	
	i. Mill. Rbl.	i. %	i. Mill. Rbl.	i. %	i. Mill. Rbl.	i. %
Riga	114	16.0	158	15.9	272	15.9
Reval	62	8.7	18	1.8	80	4.7
Libau	23	3.2	38	3.9	61	3.6
Pernau	1	0.2	6	0.6	7	0.4
Windau	14	2.0	41	4.1	55	3.2
Balt. Häfen.	214	30.1	261	26.3	475	27.8
Rußland.....	712	100.0	992	100.0	1704	100.0

1910

	Einfuhr		Ausfuhr		Ges. Umsatz	
	i. Mill. Rbl.	i. %	i. Mill. Rbl.	i. %	i. Mill. Rbl.	i. %
Riga	144	16.1	192	15.6	336	15.8
Reval	59	6.6	23	1.9	82	3.8
Libau	24	2.7	53	4.3	77	3.5
Pernau	1	0.1	6	0.5	7	0.3
Windau	14	1.6	70	5.7	84	4.1
Balt. Häfen.	242	27.1	344	28.0	586	27.5
Rußland....	897	100.0	1229	100.0	2126	100.0

1911

	Einfuhr		Ausfuhr		Ges. Umsatz	
	i. Mill. Rbl.	i. %	i. Mill. Rbl.	i. %	i. Mill Rbl.	i. %
Riga	147	15.3	187	13.9	334	14.5
Reval	87	9.1	22	1.7	109	4.7
Libau	23	3.3	61	4.6	93	4.0
Pernau	2	0.2	7	0.5	9	0.4
Windau	24	2.5	82	6.1	100	4.6
Balt. Häfen.	292	30.4	359	26.8	645	28.2
Rußland....	960	100.0	1341	100.0	2301	100.0

Fortsetzung zu Tabelle I.

1912

	Einfuhr i. Mill. Rbl.	i. %	Ausfuhr i. Mill. Rbl.	i. %	Ges. Umsatz i. Mill. Rbl.	i. %
Riga	146	15.0	225	17.7	371	16.6
Reval	86	8.9	19	1.5	105	4.7
Libau	32	3.3	72	5.7	104	4.6
Pernau	2	0.2	6	0.5	8	0.4
Windau	28	2.9	95	7.5	123	5.4
Balt. Häfen	294	30.3	417	32.9	711	31.7
Rußland	970	100.0	1268	100.0	2238	100.0

1913

	Einfuhr i. Mill. Rbl.	i. %	Ausfuhr i. Mill. Rbl.	i. %	Ges. Umsatz i. Mill. Rbl.	i. %
Riga	184	16.1	225	18.2	409	17.2
Reval	91	8.0	23	1.9	114	4.8
Libau	34	2.9	49	3.9	83	3.5
Pernau	2	0.2	5	0.4	7	0.3
Windau	19	1.6	75	6.1	94	3.9
Balt. Häfen	330	28.8	377	30.5	707	29.7
Rußland	1146	100.0	1233	100.0	2379	100.0

1914

	Einfuhr i. Mill. Rbl.	i. %	Ausfuhr i. Mill. Rbl.	i. %	Ges. Umsatz i. Mill. Rbl.	i. %
Riga	112	13.2	121	17.1	233	15.0
Reval	82	9.6	19	2.7	101	6.5
Libau	24	2.9	26	3.7	50	3.2
Pernau	—	—	3	0.4	—	?
Windau	—	?	—	?	—	?
Balt. Häfen	—	?	169[1])	23.9	—	?
Rußland	851	100.0	705	100.0	1556	100.0

[1]) Ungenau, da Windau fehlt.

Tabelle II[1]).

Der Anteil der wichtigsten Herkunftsländer am Import Revals, Rigas und des Gesamtreiches in der Pentade 1907/11[2]).

In tausend Rubeln.

1907

	Reval	Riga	Gesamtrußland
Großbritannien	26291	44297	114935
Deutschland ...	27033	38479	337367
Belgien	398	3569	9030
Holland	2008	4991	11405
Dänemark[3]) ...	2929	4609	—
Frankreich	149	538	29420
Übrige Länder.	457	7399	345208
Summa	59265	103882	847365

1908

	Reval	Riga	Gesamtrußland
Großbritannien	32239	41629	120286
Deutschland ...	33632	46037	348426
Belgien	560	3430	8073
Holland	2371	3324	11496
Dänemark[3]) ...	5218	6715	—
Frankreich	225	404	36288
Übrige Länder	589	7744	388090
Summa	74834	109283	912659

[1]) Aus dem Artikel des Verfassers: Städteordnung, Handel und Industrie (in den russischen Ostseeprovinzen). Deutsche Rundschau 1915, September-Heft.

[2]) Auch hierbei muß, wie bezüglich des Exportes, beachtet werden, daß die Daten sich nicht auf das Herkunftsland im Sinne der deutschen Statistik, sondern auf das Verschiffungsland beziehen, und daß mithin wohl der größte Teil der unter Belgien und Holland genannten Importwaren auf das Konto der westdeutschen Industrie zu schreiben ist.

[3]) Für Dänemark standen die bezüglichen Daten nicht zur Verfügung.

Fortsetzung zu Tabelle II.

1909

	Reval	Riga	Gesamtrußland
Großbritannien	26884	43108	127946
Deutschland ...	23294	38625	363263
Belgien	925	3831	6726
Holland	1417	3298	18068
Dänemark.....	3652	6936	—
Frankreich	293	261	49547
Übrige Länder	737	6925	340786
Summa	57202	102984	906336

1910

	Reval	Riga	Gesamtrußland
Großbritannien ...	25796	66936	153847
Deutschland	23015	48314	449794
Belgien	285	5983	7093
Holland	2188	4484	20444
Dänemark	3693	7852	[3]
Frankreich	1501	164	60972
Übrige Länder	2007	10554	392296
Summa	58485	144287	1084446

1911

	Reval	Riga	Gesamtrußland
Großbritannien ...	38548	64827	155081
Deutschland	37749	51803	487780
Belgien	279	6726	7052
Holland	2350	6206	17513
Dänemark	5481	5789	[3]
Frankreich	508	189	56782
Übrige Länder	2279	11748	437474
Summa	87194	147288	1161682

[3]) Für Dänemark standen die bezüglichen Daten nicht zur Verfügung.

Tabelle III.

Die Lieferanten des Rigaer Imports 1912 bis 1914.

	1912 Rubel	1913 Rubel	1914 Rubel.
Großbritannien	58.546.721	79.726.468	41.258.572
Deutschland .	53.048.889	61.959.990	42.069.075
Belgien	5.609.448	5.200.127	6.142.486
Holland	7.542.167	10.432.133	4.794.026
Dänemark ..	8.985.782	11.383.385	8.407.405
Frankreich ..	568.463	7.660	232.729
Übrige Länder	11.569.996	15.789.545	9.770.877
Summa	145.871.468	184.499.308	112.675.170

Tabelle IV [1]).

Englands Holzeinfuhr 1912/3.

	1912 Pfund Sterling	1913 Pfund Sterling
Grubenhölzer.		
Rußland	1920653	2415086
Frankreich	719970	839065
Schweden	479266	558095
Norwegen	179511	200932
Übrige Länder ..	360988	431888
	3660388	4445066
Anderes Rohholz.		
Rußland	903629	77303
Kanada	391753	226554
Schweden	70308	84581
Norwegen	73678	76052
Übrige Länder ..	476436	622973
	1915804	1783163
Bearbeitetes Holz.		
Rußland	8180906	10248601
Kanada	2613486	3084612
Vereinigte Staaten	2298744	2708962
Schweden	3382431	3954179
Norwegen	1081230	1116009
Übrige Länder ..	441617	619149
	17998414	21731512

[1]) Aus „Das Wirtschaftsleben Schwedens im Weltkriege“ von Hermann Hassel, Berlin 1616.

Nachwort

Die Ereignisse überstürzen sich: was gestern noch hoffenswerte Zukunft schien, gehört heute bereits traumhafter Vergangenheit an. Als die vorstehende Arbeit dem Druck übergeben wurde, schrieb man noch nicht „November 1918" und somit galten noch Voraussetzungen, die heute aus der Rechnung ausfallen. Statt eines Baltenstaates, in dem das deutsche Element die ihm als dem stärksten Kulturträger des Landes zustehende Rolle hatte spielen sollen, haben wir heute zwei staatliche Gebilde, Lettland und Estland, die sich national scharf von einander scheiden und in denen das Deutsch-Baltentum — vorläufig wenigstens — zu politischer Ohnmacht verurteilt ist. Der Wirtschaftspolitiker muß sich damit abfinden, für ihn heißt es, mit gegebenen Tatsachen rechnen

In den einleitenden Sätzen wurde davon gesprochen, daß die bestimmenden Faktoren des baltischen Wirtschaftslebens von politischen Vorzeichen nur wenig beeinflußt werden könnten. Ich halte daran durchaus fest und sehe daher davon ab, „ad hoc" Korrekturen vorzunehmen, umsomehr, als es sich nicht um eine Tendenz-Arbeit handelt. Auch heute noch ist es meine Ueberzeugung, daß nach Wiedereintritt normaler Verhältnisse die eigene wirtschaftliche Kraft durchbrechen und am Aufbau werken wird. Die Befruchtung erwarte ich an erster Stelle von Deutschland, das in Zukunft weit mehr als früher auf den Osten angewiesen sein wird, um aus neuer Arbeit neue Kraft zu schöpfen.

Riga, Anfang Dezember 1918.

Der Verfasser.

Verlag von L. Friederichsen & Co., Hamburg.

Soeben sind erschienen:

Die Moore Kurlands

nach ihrer geographischen Bedingtheit, ihrer Beschaffenheit, ihrem Umfange und ihrer Ausnutzungsmöglichkeit

von

Dr. Johannes Dreyer

Herausgegeben mit Unterstützung des Oberbefehlshabers Ost

(Veröffentlichung des Geographischen Instituts der Albertus-Universität in Königsberg. Band I).

203 Seiten mit 2 Abb. und 2 Karten im Text, sowie 1 farbiger Übersichtskarte. Preis Mk. 16.— (zuzüglich 10% Sortiments-Zuschlag).

Auf Veranlassung des Oberbefehlshabers Ost sind die Moore Kurlands in den Jahren 1915—1918 durch den Verfasser eingehend untersucht worden, um eine wissenschaftlichen und praktischen Bedürfnissen gerecht werdende Unterlage für die systematische landwirtschaftliche und technische Ausnutzung der Moore zu gewinnen. Die Resultate dieser Untersuchungen sind in obiger Arbeit niedergelegt. Sie sind für die bevorstehende landwirtschaftliche Erschließung des Landes von größter Bedeutung.

Karte von Litauen

nach amtlichen Quellen bearbeitet

von

R. Friederichsen

Maßstab 1:750000. In 5 Farben.

Ausgabe A (mit Namensverzeichnis) Preis im Umschlag M. 5.—
" B (ohne ") " " " M. 3.—
(zuzüglich 10% Sortiments-Zuschlag).

Die Karte bringt zum ersten Mal neben der deutschen Schreibweise der Namen die litauische Bezeichnung. Auch die Zeichenerklärungen sind in deutscher und litauischer Sprache abgefaßt. Die Bodenerhebungen sind durch Höhenschichten in 7 verschiedenen Abstufungen dargestellt. Die politischen Grenzen zeigen den neuesten Stand.

www.ingramcontent.com/pod-product-compliance
Lightning Source LLC
LaVergne TN
LVHW091733021026
849161LV00003BB/611